सुनसान सड़कों पर

संतोष कुमार शर्मा

notionpress.com

INDIA · SINGAPORE · MALAYSIA

ISBN 979-8-88883-993-5

अंतर्वस्तु

01

अर्धांगिनी

तुम जब कभी जाती हो छत पर
या झांकती हो खिड़की से
गगन की ओर
क्या अनुभव नहीं किया तुमने?
चन्द्रमा लजा कर चुप जाता है
बादलों की ओट में

और जब जाती हो कभी
सुगन्धित उपवन में
झेंप कर सिहरने लगती हैं
फूलों की डालें
यह सोच कर कि
अब कौन देखेगा उन्हें

और जब जाती हो
पहाड़ी झील के किनारे
कुछ क्षणों के लिए
मौन हो जाती हैं

उनकी कल कल
किंचित विष्मय किंचित ईर्ष्या से

और जब जाती हो
पलकें मूंद कर
परियों के देश में
झुक कर तुम्हारा अभिवादन करती होंगी
वो सभी
पुकारती होगी तुम्हे
धरा की मोहिनी कह कर

क्या धन्यवाद् नहीं दोगी
ईश्वर को
इतना अलौकिक सौंदर्य दिया
उसने तुम्हे
थोड़ा शीश झुका कर
तनिक मुस्कुरा कर बोली
मेरी अर्धांगिनी

ये सुंदरता तो आयु ढलते ढलते
ढल जाएगी
फिर मृत्यु का भी क्या भरोसा
न जाने किस क्षण आएगी

हाँ क्यों न करूँ
धन्यवाद ईश्वर का

सब कुछ उसी ने तो दिया
परन्तु सर्वाधिक धन्यवाद ईश्वर का
प्रियतम
तुम्हे मेरे जीवन में लाने का
जिसके बिन
जी ही नहीं करता मेरा
कहीं जाने का

02

राेत की बात

पहले तल्ले के अपने कमरे के बाहर,
बालकनी में रखी एक कुर्सी पे बैठा हूँ
आधी रात हो गयी
नींद नहीं आ रही

देख रहा हूँ, सुनसान सड़क,
सन्न सन्न करती हवा,
तमाम घरों की बत्तियां गुल,
एक अजीब डरावना सा सन्नाटा

तभी महसूस करता हूँ
मेरे कंधे पे सर रखे हुए,
बेचारी रात सुबक रही है
जाने कब से

मैं अपनी सूखी उँगलियों से पोंछता हूँ
उसकेआंसू हौले हौले,
फिर उसकी,
रेशमी काली बिखरी ज़ुल्फ़ें सहलाता हूँ

एकटक भींगी आँखों से देखती है
वो मुझको तो मैं
एक मीठा सा गीत सुना के
उसके टूटे दिल को बहलाता हूँ

रात का ये गिला
दुनिया प्यार करती बस दिन को
उस बेचारी को कोई पूछता नहीं
मैं उसको तब समझाता हूँ,

सरपट दौड़ती इन अनगिनत गाड़ियों का,
गिरते पड़ते उठते भागते,
लोगों के हुजुमों का,
कारखानों के भोंपू का,
कानफाड़ू शोर,
ये दिन की खासियतें नहीं
ये सब तो दिन के जिस्म पे उमड़े हुए घाव हैं

रात, तू सुकून की देवी है
दिन के सताए हुए
थके हारे लोगों को
फिर तरोताज़ा करती जो तू वो
आठ घंटों का एक खुशनुमा, जादुई ठहराव है

क्यों समझती
दिन को खुद से बेहतर पगली,

क्यों तुझको बेमतलब दिन से जलन होती है,
तू तो है खुदा की जहाँ को
अता की हुई अनमोल नियामत
ऐ रात पगली
तू क्यों खामख्वाह रोती है

03

बस एक बार कह दो

क्या ज़मीं पे काम यादें छोड़ गए थे
इस टूटे दिल को तिल तिल जलाने के लिए
जो फलक में भी जा बैठे सितारा बन कर
मुझको हर रात इस तरह सताने के लिए

इतना ही तो कहा था
देर हुई,शाम होने को है,कल मिलते हैं
मैंने आखिर कब कहा था तुमसे
हमेशा हमेशा की खातिर जाने के लिए

बड़े अजीब होते हैं
तुम्हारी ज़मात के लोग
मासूम मेहमान की मानिंद आते हैं
फिर देखते देख्ते मालिक से बन जाते हैं

जादू सा कर देते हैं
दिलो दिमाग पे छा जाते हैं
और फिर अचानक एक दिन कम्बख़्त
बिन कुछ बताये चले जाते हैं

यूँ न देखो
प्यार भरी नज़रों से मेरी ज़ानिब
दूर आसमान में बैठे बैठे
किसने कहा है यूँ
हौले हौले मुस्कुराने के लिए

अपने खामोश लबों को थोड़ी जुम्बिश दो
बस एक बार कह दो
बस एक बार कह दो
तैयार हूँ वापस आने के लिए

बस एक बार कह दो
तैयार हो मेरे पास वापस आने के लिए
फिर मैं भी तैयार हूँ
आसमान से ज़मीं तक
तुम्हारी कदमबोशी को
एक मखमली लाल
कालीन बिछाने के लिए

❖◆◆◆❖

04

बचपना

हमारे चेहरे पे मुसलसल
मायूसी को देख कर
मर जाओगे यार
ये कह कह कर जब दोस्त
हमें समझने लगे
तो हम अपने ख्यालात को एक
नादान बच्चे सा बनाने लगे

एक लटाई ली हाथ में
तुम्हारा नाम रंगीन पतंग खरीदी
तुम्हारा नाम लिख के उसपे
उड़ा डाला हवा में जोर से
दर्द हुआ तो गुमान हुआ
ऊँगली कट गई
कांच के टुकड़ों की डोर से

उनमें कभी किसी बगीचे में
बच्चों को देखा
रेलगाड़ी बन कर खेलते

तो शामिल हो गए
उनमें इंजिन बन कर
लगाए खूब सारे चक्कर
देर तक खेलते रहे बच्चे
भई उम्र थीं उनकी
हम बैठ गए
कोने की बेंच पे थक कर

कभी रुमाल को आड़ा टेढ़ा कर
हवाई जहाज बनाया
तुम्हे ढूंढने की हिदायत देकर
उसे ऊपर उछाल दिया
थोड़ी उड़ान भरी उसने
फिर गिर पड़ा ज़मीन पर बिखर कर
समझ गए तुम्हे ढूंढ पाना नहीं मुमकिन
और इस ख्याल को दिल से निकल दिया

कभी चौड़े मुंह की एक बाल्टी ली
उसमें पानी भरा
एक कागज़ की नाव बनाई
पानी पे तिरा दिया
अचानक दरवाजे पे तुम्हारे
क़दमों की सी आहट सुनी

मारे ख़ुशी के दौड़ पड़े
अफ़सोस तुम न थे
कम्बख्त किस्मत ने फिर एक बार
लंगड़ी मार कर गिरा दिया

05

जुदाई

सुबह टहलते टहलते जब थोड़ी देर को
सुस्ताने बैठा नदी किनारे
और पांव डाले नदी की लहरों में
उफ़ कितना ठंडा पानी था
मेरे पांव तो मानो बर्फ में अकड़ गए

मालूम नहीं वो उस पानी की ठंडक थी
या वो पल याद कर कर
वापस कुर्सी पे बैठा था
और मेरे पांव सुन्न हो गए
क्या सुबह वही सोचते सोचते
फिर मेरे पांव जकड़ गए

दोपहर में जब घर से निकला
चिलचिलाती धूप थी
दिमाग झल्ला गया
बदन पसीना पसीना हो गया

इतना तो कभी मैं
झल्लाता नहीं धूप में
क्या झल्लाहट इस बात की भी थी
तुमसे बिछुड़े पूरा एक महीना हो गया

शाम के वक़्त जब
तनहा बैठा था बिलकुल खामोश
दूर कहीं कोई दर्द भरा गीत गाए रहा था
इतना दर्द भरा मनो उस गीत में
गाने वाले के ज़ज़्बात
बेतहासा बेसाख्ता तड़पने लगे

मेरी भी आँखें भर आई
पता नहीं उस गीत का असर था
या तुम्हे याद कर कर के
मेरी आँखों से आंसू छलकने लगे

फिर जब देर रात गए
यकायक तेज़ रोशनी हुई
शायद ज़ोरों से
बिजली कड़की थी

या इस डर से
ये सोच सोच कर

कहीं हमेशा के लिए तो नहीं
तुम मुझे छोड़ कर चले गए
ऐसे मनहूस ख्यालों से मेरे दिल में
बेचैनी की आग भड़की थी

———◆◆◆———

कटघरा

इक कटघरा सा बना रखा है
खुद के इर्द गिर्द
बमुश्किल कभी घर से
बाहर निकलता हूँ
दिन मुझसे कन्नी काटता रहता है
मैं दिन से बेज़ार बेज़ार चलता हूँ
खुद से गुफ्तगू करने से नहीं मिलती फुर्सत
यारों की महफ़िल में बैठे अरसा गुज़र गया

घर की छत पे रखी चारपाई पे लेटे लेटे
सर के पिछले हिस्से को हथेलियों में थामे
देखता हूँ जिसको पथराई आँखों से हर रात
उस आसमान को आज की रात
न जाने क्या हो गया
क्यों है इतना खोया खोया सा
खामोश सा,खाली खाली सा
क्यों आज इसमें कोई हलचल नहीं

चाँद नहीं तारें नहीं
कोई बादल नहीं

हमदर्दी के क़दमों से चल कर
छूं लूँ उसको
क्या करूँ
मेरी उम्मीद के पग अब थकने लगे हैं
ख़ुदा ने बेख्याली में जो बख्श दी थी
थोड़ी सी मुझको
ज़िंदा तो है
सांसें भी लेती है
मगर आजकल
उस ख़ुशी की आँखों से
आंसू टपकने लगे हैं

मेरे अज़ीज़ दोस्त मुझसे रूठ गए
कुछ इस वक़्त मेरे पास नहीं
कुछ हमेशा के लिए छूट गए
आसमान तो खोया खोया सा है
बस आज की रात
हम तो हरदम खोये खोये से रहते हैं
कुछ अजीब सी हो गयी है
हालत हमारी
लोग यूँ ही नहीं आजकल
हमको दीवाना कहते हैं

✦ ◆◆◆ ✦

अधूरी कविता

एक बीहड़ जंगल के
डरावने पेड़ों के झुरमुट में
तो कभी उसकी कंटीली झाड़िओं में
घबराई हुई छुपती -छुपाती
किसी मासूम चिड़िया सी

तो कभी किसी पहाड़ी से फेंकी हुई
फिसलती जा रही लाचार
धरती पे जबरन उतारी हुई
स्वर्ग की अप्सरा जैसी
एक निर्मल नदी सी

तो कभी तिमिर की बेला में
अनंत आकाश के
किसी हिस्से में
चुपचाप चिपकी हुई
उजली तारिका सी

अथवा किसी पुरानी डायरी से
फाड़ कर अर्से पहले
करने से सम्हाल कर रखी हुई
एक छोटी सी पर्ची सी

या परेशानियों के मनों बोझ तले
दबी हुई तथापि जीवित
धीमी धीमी सांसे लेती
एक नन्ही ख़ुशी सी

कौन हो तुम
कुछ तो बोलो
कौन हो तुम

कहीं बरसों से
अधूरी पड़ी
मेरी वो कविता
तो नहीं

08

खामोश हमराज़

यूँ तो बेमानी है मेरा
हमारे माज़ी की तहरीरें लिखना
कि तुम पढ़ लो
कोई ऐसा वाक़या
मुमकिन ही नहीं
जो मुझे याद हो
और तुम्हे याद न हो

मुट्ठी जितनी भी भींचू फिर भी
उँगलियाँ खुल जाती हैं
कलम चल जाती है
या खुदा कुछ कर ऐसा
उसकी याद आये
मगर दिल नाशाद न हो

कद्रदानों की तारीफों के पुलिंदे
मिलते हैं तो खुश हो जाता हूँ
चंद लम्हों के लिए
मगर उस ख़ुशी से ज्यादा

सच कहता हूँ ऐ दोस्त
होता मुझे अफ़सोस है

पढ़ा तो होगा उसने भी
अश्क़ भी बहाये होंगे
बैठ कर कहीं तन्हाई में
दिल तो तड़पा होगा उसका भी
कि कुछ कहूं
मेरा हमराज़
मगर खामोश है

गुंजाइश ही नहीं
किसी शिकवे की
न मुझको तुमसे
न तुमको मुझसे
मुतमईन हैं दोनों
अपने अपने शहर में
हाँ दोनों शहरों में बहुत दूरी है

अजीबो गरीब हालात हैं
मिलने के दोनों पे
आज भी नहीं कोई पाबन्दी
हाले दिल जुबाँ से बया नहीं कर सकते
फ़क़त इतनी मज़बूरी है

जुदाई की उस शाम
कहा था तुमने
जहाँ होंगे
तुम्हे याद करके रो लेंगे
और कभी सुनेंगे दूर बैठे
तुम्हारी कामयाबी के किस्से
तो खुश हो लेंगे

दिल में मेरे अब
इतनी हसरत है
उम्मीद भी है
कभी तो फिर मुलाक़ात होगी
ज़ुबाँ से न सही
नज़रों से सही
कुछ तुम बोलोगी
कुछ हम बोलेंगे

09

पत्थरों के शहर

ये पत्थरों के शहर हैं
हाशियों पे रखे जाते हैं,और
पीछे धकेल दिए जाते हैं इसमें
सीधे सच्चे लोग
तो ज़ाहिर है यहाँ हुकूमत में
वो कभी शामिल नहीं होते

हुकूमत है,दौलत है,रुतबा है, ताक़त है
उन इंसान जैसी शक्ल वालों के पास
जिनके पास दिमाग तो खूब होता है
अफ़सोस मगर दिल नहीं होते

इन दिनों ज़ेहन पे फितूर सवार है
कहीं घूमने जाने का
या यूँ कह ले
ढूंढ़ने जाने का
ढूंढ़ने का

कहीं कोई ऐसी सरज़मीं
जहाँ हर तरफ अमन के
हँसीं फूलों से भरे बाग़ हों
और उन बागों में बेख़ौफ
टहलते मुस्कुराते लोग

जहाँ नफरतों की शमशीरें भांजते
हैवान न हों
जहाँ की वादियों में
मासूम मुहब्बतों के क़ातिल नहीं होते

आलीशान बंगलों में,बेशक़ीमती गाड़ियों में
खनकते सिक्कों की मज़बूत
घेराबन्दियों क़ैद ये दौलतमंद
लाख नक़ली ठहाके लगा लें
महफिलों में मगर
दिल उनका बख़ूबी जानता है
दो पल असल सुकून के
ज़िन्दगी में उनको
कभी हासिल नहीं होते

शौक से कर लीजिये
अपनी शानो शौक़त की नुमाइश
मज़लूमों पे अपनी ताक़त की नुमाइश

मगर भूले से भी मत सोचियेगा
ऊपर वाले के बहीखाते में
आपके कारनामें
तफ़सील से दाखिल नहीं होत

मगर भूले से भी मत सोचियेगा
ऊपर वाले के बहीखाते में
आपके कारनामें
तफ़सील से दाखिल नहीं होत

10

वही एक ख़्वाब

जाने कितनी रातों में
जाने कितने घंटों तक
अक्सर वही एक ख़्वाब
देखता हूँ गहरी नींद में
सुबह यद् रह जाता है
वो ख़्वाब धुंधला धुंधला सा
पूरा नहीं
बस उसके थोड़े से हिस्से
और वो थोड़े से हिस्से ही
क्या बताऊँ
कितना ज़्यादा
मुझको बेचैन कर देते हैं
एक छोटी सी पहाड़ी के तले बसा
एक छोटा सा गांव
एक विशालकाय बरगद का
एक बुज़ुर्ग पेड़

एक गहरा कुँआ
कुँए के गिर्द बानी एक चौपाल
चौपाल पे बतियाते कुछ लोग
उनमें मैं भी
फिर यकायक
भीषण भूस्खलन
पहाड़ी से टूटते
बड़े बड़े पत्थर
भागते गिरते पड़ते लोग
मैं भी
लो गिर पड़ा मैं ज़मीन पर
मेरी ओर तेज़ी से आता एक बड़ा सा पत्थर
क्या करता मैं लाचार
बस मौत का इंतज़ार
और तभी अचानक
बीच में एक खूबसूरत हथेली का आना
पत्थर को थाम लेना
तिनके की तरह उछाल देना दूसरी तरफ
मेरी नींद का टूट जाना
दोनों हाथों से माथे को भींच कर
कुछ लम्हों तक बैठे रहना
सोचना
ख्वाब तो लम्बा था

और क्या क्या हुआ था?
और कौन कौन थे?
और हाँ वो खूबसूरत नरम हथेली
किसकी थी?
तुम्हारी ही थी ना?

11

वो मंज़र

अपने पुराने घर के इस छोटे से कमरे में
आज जब बरसों बाद आया
बरसाती शाम थी
तुम और मैं बैठे थे
रह रह के
वो मंज़र याद आया

इर्द गिर्द लोग थे तो
दोनों इतना बोले
ओर तन्हाई में ये कशमकश
कि पहले लब कौन खोले

बस तुम्हारा एकटक
मुझको देखते जाना
और मेरा
मेरे ही घर में
गुम हो जाना

गरजते बादल
चमकती बिजली
तेज हवाओं के थपेड़ों से
थिरकती खिड़की
मचलता दरवाज़ा
नाहक शोर मचाते ये सारे

इन से बिलकुल बेखबर
इक दूजे में खोये
दो इश्क़ के मारे

सूरते हाल आज ये मगर
झूठे निकले वो तमाम
सच्चे लगते निगाहों के वादें
बहुत चाहा तुझको भुला दें

खींच कर मगर
फिर यहाँ मुझको
मेरा दिल नाशाद लाया

अपने पुराने घर के
इस छोटे से कमरे में
आज बरसों बाद आया

बरसाती शाम थी
तुम और मैं बैठे थे
इसमें तनहा
रह रह के
वो मंज़र याद आया

12

पैग़ाम

मुद्दत के बाद अचानक

तुम्हारा पैग़ाम आया

यूँ कि बिजली कौंधी

बादल गरजे

चली तेज़ हवा

बेखुदी के समंदर में

ज़लज़ला सा बेलगाम आया

फिर एक बेहद खुशनुमां सा

ख्वाब उछाल कर उस समंदर से

निकल आया बाहर

जीता जागता झूमता

मैं भी उसकी ज़ानिब

चल पड़ा दौड़ता भागता

तुमने नज़र झुका कर

अजीब से अदब से पूछा

इतने बरस बीते

क्या कभी हम याद आये

मैं तब बोला

बड़ी हिफाज़त से रखें हैं

तुम्हारे ख़त,वो ख़त
वो तिलस्मी गुल
जो आज तक नहीं मुरझाए
घबरा के फिर तूने यूँ
मानों कोई मेहमान हूँ मैं बस
पूछने लगे मेरे आशियाने का हाल
और अपने सुनाए
लाज़मी है वक़्त के साथ
शख़्शियत में थोड़ी तबदीली
मगर इस क़दर?
जैसे कुछ हुआ ही ना था
उफ़
हैरान हो गए तुम्हारा
ये अक्श देख कर
कुछ समझ नहीं पाए
लो तले जड़ दिए
हमने भी यादों को
अँधेरे कमरे में धकेल कर
हाँ ये अलग बात है
तुम्हारी तरह
उनका गला घोंट नहीं पाए

नींद मगर नहीं आती

बहुत कोशिशें कर के थोड़ा
मुस्कुरा भर लेते हैं ऐ दोस्त

ठहाका लगाने की यहाँ
कोई वजह नज़र नहीं आती

धोखे,ज़ुल्म,बदनीयती,बेईमानी से
भरी इस दुनियां में
मिल जाये सुकून के दो पल
ऐसी कोई रहगुज़र नहीं आती

इश्क़ के दुश्मनों ने फैलाया
बेदर्द रश्मों का ऐसा अँधेरा
ताज़्ज़ुब नहीं गर रौशनी
अब किसी शहर नहीं आती

दौलत और नफरत के नशे में
मदहोश इस दुनियां में नेकी
कभी आती भी है तो दबे पांव
वो कभी पुर असर नहीं आती

आजकल तो ख्वाबों में भी
तुम्हारा दीदार नहीं होता
करवटें बदलते रहते हैं रात भर
कम्बख्त नींद मगर नहीं आती

शबे गम ख़त्म होगी और सुबह होगी
शायद नज़र आ जाओ तुम फिर से

हसरत करते है हर रात, मगर क्या
करें, ख़ुशी की वो सहर नहीं आती

ढीठ हो गयी है मौत भी
बिलकुल तेरी ही तरह,
बैठी है रूठ कर वो भी
कहती है नहीं आएगी
तू अगर नहीं आती

मरने की तड़पने लगी है
जीने की तमन्ना तेरे बगैर
इंतज़ार में बैठे हैं कब से
तुम्हारी खबर नहीं आती

13

तुम्हारी बारी

हमारी दोस्ती के किस्से शहर में
खूब मशहूर हो गए थे
और फिर कुछ हुआ
ज़्यादा चाहो किसी को तो
चुभ जाती है छोटी सी बात भी
और हम दूर हो गए थे

अब जबकि दशकों बाद
तुम और मैं फिर आस पास हैं
किसी तीसरे को पूछूं मैं
तो यही कहेगा
न तू दुखी दीखता
न तेरा दोस्त उदास है

ये सच है और सही भी है
जीवन का रंगमंच ठहरा
मैं निभा रहा अपना किरदार
वो अपना निभा रहा है

वही होता जाता है
वही करते जाते हैं
जो ऊपर परदे के पीछे बैठा
निर्देशक
हमदोनों से करवा रहा है

मगर ये भी एक हक़ीक़त है
अक्सर तन्हाई में तेरा नाम
बुदबुदाता रहा हमेशा
याद आती रहीं तुम्हारे साथ
गुज़ारे पलों की बातें सारी

लो मेरे मुंह से तो निकल पड़ा
तुम कहो न कहो
क़ायदे से है अब
कहने की तुम्हारी बारी

और इस बात का करना भरोसा
लाख परेशां किया हो
उन यादों ने
कसम तुम्हारी
मैनें उनको कभी नहीं कोसा

14

मर्ज़ बढ़ गया है

सारी बत्तियां कमरे की
बुझा कर सोता हूँ
न जाने कैसे
इतने अँधेरे में भी
ढूंढ लेती हैं तेरी यादें मुझको

कोशिश तो सौ फीसदी
करते हैं हमदोनों
कि मैं भूल जाऊ तुमको
और तू भुला दे मुझको

ज़िंदा है जिस्म अभी तक
यूँ तो कब का मर डाला तुमने
समझ में नहीं आते
ए मेरी तक़दीर
तेरे इरादे मुझको

बरसों से बहे जाते अश्कों से
बन गया है एक गहरा दरिया

उफ़ नहीं करूँगा
मेरे खुदा
तू अगर उसमें
पूरा डूबा दे मुझको

मर्ज़ बढ़ गया है बहुत
बहुत दर्द हो रहा है
अब बर्दाश्त नहीं होता
परवरदिगार
कोई दवा दे मुझको

तू न चाहे तो कुछ मुमकिन नहीं
तू अगर चाहे तो क्या मुमकिन नहीं
अब बहुत हो गया या रब
या तो बना दे मेरी किस्मत
या फिर मिटा दे मुझको

15

इतनी सी देर में

खुल कर साँस लेते थे
ठंडी साफ हवाओं में
हसीं वादियों की पनाहों में
घने पेड़ों की छावों में
बांस की झोपड़िओं वाले
जिन खुशमिज़ाज़ गावों में

अब वो कंक्रीट के
पत्थरदिल शहर बन गए

याद आते हैं वो
सीधे सादे नेकदिल लोग
एक दूजे से जो मिलते थे
लेकर तश्तरी में
मुहब्बत के मीठे फल

और अब ये हालात
छीन लिए उनके कच्चे घर
दौलत के नशे में चूर

बहशी लोगों ने
और वो तश्तरी में रखे
मुहब्बत के मीठे फल
नफ़रत के कड़वे ज़हर बन गए

दुनियां का क्या करते
इसको बदलना था
बदल गयी
हमारी हर ख्वाहिश
हर उम्मीद
बदकिस्मती की आग में
जल गयी

थक के तेरे पास आने को
हो चुके थे तैयार
हाँ थोड़ा वक़्त तो लगता है
थोड़ा तो इंतज़ार कर लेते
क्या हो गया था
किस बात की जल्दी थी
अचानक चले गए
क्यों इतना बेसबर बन गए

महल को खंडहर बनने में
वक़्त लगता है
बरसाती नदियां कुछ दिन तो '
बहती हैं कल कल

गर्मियां आने में
उनको सूखने में
वक़्त लगता है
रात को सुबह बनने में
वक़्त लगता है

वाह रे मेरे रूहानी फूल
चंद लम्हों को
क्या दूर हम हुए
इतनी सी देर में
तुम तो पत्थर बन गए

16

सपनों का शहर

लोग कहते हैं मेरा दोस्त
चला गया हैं कहीं दूर
बहुत दूर
वापस लौट कर नहीं आएगा

हर रात मुस्कुराता हुआ
मेरी ओर बाहें फैलाये
आ जाता है मुझको नज़र
कितना सुन्दर है
मेरे सपनों का शहर

लड़कपन के दिन
मेरे घर के सामने वाली गली में
उसका हर शुक्रवार को आना
सीटी बजा कर इशारे से
मुझे बाहर बुलाना

घर वालों से छुप कर
फिर हम दोनों का
मैटिनी शो में सिनेमा जाना

क्यों चला गया वो
इतनी जल्दी मुझे छोड़ कर

दोस्तों की महफ़िल में
सबको खूब हँसाना
तो कभी मेरी जरा सी चोट पर
उसकी आँखों में आंसू आ जाना

इस शहर की बाज़ीगरी देखिये
सामने ला देता है
फिर
हूबहू
वो हर एक मंज़र

कितना सुन्दर है
मेरे सपनों का शहर

17

ये दुनियां है साहब

खुली वादियों में रहते हो
और कहते हो
दम घुटता है
हमें देखो
सारी ज़िन्दगी बेचैनी के
काँटों से भरी अँधेरी
गुफा के अंदर जी गए

थोड़ी सी शराब पी के
डगमगाते हो
फिर भी इतराते हो
हमें देखो
सीधे खड़े हैं तुम्हारे सामने
जबकि
वेदना का विशाल
समंदर पी गए

तमाम मुसीबतें झेल कर भी
जिनकी मदद कीं
जिनको अपना समझा
वक़्त कुछ देर को क्या बदला
वो मुंह मोड़ कर चले गए

कड़वी बातों से दिल
तोड़ने वाले चले गए
ज़हरीली नज़रों के तीर
चलाने वाले
धुरंधर भी गए

ये दुनियां है साहब
दुनियां की घड़ी घूमती जाती है
बड़ी तेजी से आगे बढ़ जाती है
यहाँ दुखी आत्माओं को मुक्ति
मिल गयी एक दिन
और एक दिन किस्मत के धनी
सिकंदर भी गए

18
कविता कैसे लिखूं

इन दिनों जबकि हर वक़्त
घर में कैद है ज़िन्दगी
यूँ ही बैठे बैठे
ज़ेहन में उमड़ते हैं ख्याल
सैकड़ो हज़ारो लाखो
अनगिनत
तो फैंकता हूँ अल्फ़ाज़ों के जाल
उन बेशुमार ख्यालों की ज़ानिब
कि खेंच लाए उनमें से चंद ख्याल
और मैं पटक दूँ
कोरे कागज़ पर
मगर बहुत सारे ख्याल
इतने सारे ख्याल
बेचारे मेरे अल्फ़ाज़
गुम हो जाते हैं उनमें
मैं कविता कैसे लिखूं

कभी कभी देर रात गए
कुछ ख्याल फंस भी जाते हैं

मेरे शब्दों के जाल में
कुछ बेहतरीन ख्याल
कुछ बड़े सुन्दर भाव
मगर फिर उफ़
सुबह नींद के खुलते ही
भूल जाता हूँ
बहुत कोशिश करता हूँ
याद नहीं आते
मैं कविता कैसे लिखूं
अल्फ़ाज़ों और ख्यालों की
शब्दों और भावों की
इस आँख मिचौली में
उलझ के रह जाता हूँ
मैं कविता कैसे लिखूं

मेरे कवि मित्र
आजकल भावों की असीमित भीड़ में
क्या बार बार खो जाते हैं
तुम्हारे शब्द भी
बार बार खो जाती है
तुम्हारी कविता भी
क्या तुम भी इन दिनों
अक्सर सोचते हो
मैं कविता कैसे लिखूं

19

फुर्सत नहीं

हंसी आती है उनकी शक्लें देख कर
साठ के बाद जिनको आदत हो जाती है
हर दिन हर पल
मरने का खौफ
माथे पे धरने की

मौत का क्या है
कभी भी हो सकती है
ये तो हो सकती है जवानी में
केले के छिलके पे
पांव फिसलने से भी

तो क्या ये वजह हो सकती है
घर से बाहर नहीं निकलने की
चहलकदमी नहीं करने की
बस एक जगह ठहरने की

उम्र का बढ़ना तो
एक कुदरती दस्तूर है

हमेशा के लिए ज़िंदा रहना
तो खैर मुमकिन नहीं
बहुत दिन रहना
ये आपके हाथ में जरूर है

कहाँ जायेंगे
उम्र कम्बख्त की हस्ती क्या है
वो कर जाते हैं
किसी उम्र में भी कुछ अनोखा
जिनको होती है लगन
कुछ कर गुजरने की

कहाँ जायेंगे,कब जायेंगे,वहां क्या होगा
कोई जरुरत नहीं यार
ये सब बकवास करने की
अभी बहुत से काम बाक़ी हैं
बिलकुल फुर्सत नहीं मरने की

20

क्या टोपी पहना सकोगे भगवान को

हर क़िस्म की धोखाधड़ी और बेशर्मी से
अपनी तिजोरी भरने वालों
हर क़िस्म का झूठ कहने वालों
हर क़िस्म का पाप करने वालों
मालूम है दौलत के लिए पहना दोगे
टोपी हर किसी इंसान को

मगर खुद को उस्ताद समझने वालों
दोनों हाथों को उठा कर
पागलों की तरह नाच नाच कर
गाला फाड़ कर बेसुरे गानों से
थोती बातों से
मुझे नहीं लगता
टोपी पहना सकोगे भगवान् को

बेटी के ब्याह की खातिर
हाथ जोड़ कर जब माँगा थोड़ा उधार
चालीस बरस पुराने नौकर को सेठ ने
लगा दी फटकार

जा भाग नहीं मेरे पास एक धेला
नहीं खोल राखी मैंने धर्मशाला
और उसी शाम सेठ ने
शराबो शबाब में
हज़ारों का धन उड़ा डाला

अब देखिये कलयुग का चमत्कार
बेईमानी मज़बूत,नेकी लाचार
उसी सेठ को मिल गया
महादानी, समाजसेवी का पुरस्कार

काला धन है बहुत
है तैयार वो मंदिर में
सोने के मुकुट के दान को
मगर मुझे नहीं लगता इस तरह
टोपी पहना सकोगे भगवान् को

मन हो बड़े शातिर
पर ये हथकंडे किसकी खातिर
डाकू रत्नाकर का किस्सा करो याद
अकेले बैठ कर सोचो उसके बाद
धन के भागी बहुत
पाप का होगा कौन

अंत समय नरक के भय से घबरा कर
खूब रो रो कर

पछता कर
प्रभु से क्षमा मांगता
अपना संमरमरी बुत बनवा लो
ये तो संभव है

मगर मुझे नहीं लगता
इस तरह भी
टोपी पहना सकोगे भगवान् को

21

बेअसर लगता है

हर तरफ देखता हूँ
बुरों को हँसते, अच्छों को रोते
गर कोई दुनियां का मालिक है
तो बिलकुल बेअसर लगता है

नक़ली दहाड़ वाले कागज़ी शेर
करते हैंमतलबी सियासत
बिचरते सीधे सच्चे आदमी को तो जरुरी
बचाना अपना घर लगता है

हमने देखा है फरिश्तों को
गुनहगारों की नौकरी करते हुए
उनकी दी रोटी खाते
जिनके हाथ का पानी ज़हर लगता है

पैसे वालों की कद्र
हरकते उनकी चाहे जानवरों सी हो
घिन सी आती है देख कर

हमको तो बड़ा बदबूदार
ये शहर लगता है

ख़त्म करके सांसों का सफर
कुछ मालूम नहीं कहाँ जायेंगे
जहाँ जायेंगे
वहां का मंज़र भी
बरपाएगा क़हर लगता है

ज़िन्दगी बड़ी बद्तमीज़ है,
बेगैरत है मगर खुशकिस्मत है
हर बार बच जाती तू
क्यूंकि हमें मरने से डर लगता है

जिस राह में धोखे हैं
हंसी उड़वाने का जोखिम भी
कोई दिमागी बीमारी है तुम्हे
ऐसी डगर चलने की लगता है

यूँ ही नहीं जाऊंगा
कुछ बहुत खास कर जाऊंगा
खुद मुझको लगे न लगे
तुमको जाने क्यों मेरे दोस्त
मेरे दोस्त ऐसा मगर लगता है

22

सियासत

कैसे जाऊँ काम पर
लाऊँ दो जून की रोटी
सर पे हाथ रहे सोचे आम आदमी
बंद रास्ते सारे

मुफ़लिसों के नाम की लड़ाई
लड़ता ये बेतरतीब हुजूम
हुड़दंगी भीड़ तोड़फोड़,लाल झंडे,काले झंडे
गंदी गालियाँ, गलाफाड़ नारे

तुम्हारे कन्धों पे रख बन्दूक चलाते
मतलबपरस्त नेता,
पहले समर्थन,फिर विरोध
समझो इनका रूप दोहरा

नहीं सारोकार कोई बिलों से
है कैसे भी सत्ता हथियानी

मत बनों किसान भाइयों
इनकी शतरंज का मोहरा

इतनी विनती की सबने
छोड़ दे साल के बस दो दिन
ये नेता कैसे जाते मान

हिंसा फैलाई,बसें जलाईं,वादें तोड़े
थू तुम पर,हद कर दी
तिरंगे तक का
कर दिया अपमान

23

इंसानियत की गुमशुदगी

मत उड़ाना किसी नेक बन्दे का मज़ाक
ये कह कर अमां यार
काम दीखता है आजकल
सुना है रहता तू
हरदम घर में छिपके है

वो निकलता तो है हर रोज काम पर
सम्हल सम्हल कर जाता है
और सीधे घर लौट आता है
उसे तो नज़र आते हैं
जाने क्यों तुम्हे नज़र नहीं आते
शहर की दीवारों पर इन दिनों
इंसानियत की गुमशुदगी के
इश्तहार चिपके हैं

बेहिसाब दौलत मिले
खूब सारी शोहरत मिले

आसमान भर लूँ मुट्ठी में
मुमकिन है ये आपका इरादा होगा

तनिक ठहर जाइए ज़नाब
एक मशहूर मशविरा है
अब हुज़ूर की मर्ज़ी
माने ना माने
ख्वाहिशें थोड़ी रखियेगा ज़िन्दगी में
तो यक़ीनन सुकून ज़्यादा होगा
बहुत आगे बढ़ने के रास्ते
अब सीधे नहीं रहे
दिल को अच्छी न लगे
वो तिकड़में जाननी होगी

हर क़दम पे
जलने वाले मिलेंगे
पीछे से टांगे खींचने वाले
कुछ अपने भी मिलेंगे
ये हक़ीक़त भी
साहब आपको माननी होगी

24

क्या यही विकास है

वो अलग दौर था
पुष्ट भुजाओं वाले किसी
दक्ष धनुर्धारी को देख कर
ज्ञात हो जाता ये वीर अर्जुन है
या वीर कर्ण या अश्वत्थामा होगा

और देखते किसी सौम्यमुख को
पितृ का चरणस्पर्श कर
भार्या व भ्राता के संग कानन प्रस्थान करते
तो जान जाते ये मर्यादा पुरुषोत्तम राम हैं
राजा और रंक दो मित्र
तो निश्चित एक कृष्ण एक सुदामा होगा

पुनः दीखता कोई रक्तिम नेत्रों से घूरता
दुष्ट अट्टहास करता
तो विदित हो जाता
ये पापी रावण है,या कंस या दुर्योधन है
परन्तु अब धनुष नहीं

खून की प्यासी बंदूकें हैं
पति पत्नियों के झगडे हैं
भाई भाई का दुश्मन है
सब कुछ सिमट के रह गया है
कागज के हरे नोटों में

आजकल के रावण लाल आँखें कर
भयंकर अट्टहास नहीं करते
बस एक अहंकारी विषैली मुस्कान
बिखेरते हैं अपने बदसूरत होठों में

सुन कर अचरज में हूँ
कि दुनियां आगे बढ़ गई है
कहाँ बढ़ गई है
ये तो सदियों से वहीं है
इसके चारों कोने वही हैं
सारे वही नज़ारें हैं

बगल में वही चाँद है
बगल में वही सूरज है
और बगल में वही तारे हैं

उसी तरह भींगते हैं बारिशों में
ठण्ड में वैसे है कंपते हैं
पसीना पसीना होते हैं गर्मियों में
हाँ वही तो मौसम सारे हैं

बस अब कोई किसी अज़नबी से
यूँ ही कभी बातें नहीं करता
गर करता है तो वजह
महज़ तिज़ारत हो गई है

हरी है घास के जिस सुहावने मैदान में
हँसते थे खेलते थे
वहां एक लोहे के गेट वाली
पत्थरदिल ईमारत हो गई है

वो जो गरीब हैं
फ़ाक़े कर रहे हैं उनके
घर वालों की आँखों में आंसू भरे हैं
तादाद बढ़ती जा रही उनकी
वो जीते तो हैं
मगर दरअसल ज़िंदा लाश हैं

और जो अमीर हैं हांफ रहे
चौबीस में बीस घंटे काम करते
कोई बीमारी नहीं बची होने को देह में
फिर भी भागे जाते और बदहवाश हैं

कवि दूर खड़ा तमाशा देख रहा
उँगलियों में कलम घुमाते
और हैरान है ये सोच कर
क्या यही तरक्की है
क्या यही विकास है

25

हमारी पहली मुलाक़ात

पसीने छूट गए थे
भीम सरीखे समय के
किसी मामूली इंसान की तरह

उन लम्हो को हिलाने में
जब थम गई थी
दो ज़िंदगियाँ और
बैठ गई थी पालथी मार कर
हनुमान की तरह

एक बार फिर जैसे
हो रहा था धरती पर
दो सितारों का मिलान
बन गए थे इस तरह के हालात

कुछ ऐसी थी
हमारी पहली मुलाक़ात

मेरे ख्यालों के शहर में
ठीक उसी शक्ल में
ज़िंदा है आज भी
उस मुलाक़ात का मंज़र

और इस बात का है अहसास मुझे
यक़ीन है
तुम्हारे ख्यालों के शहर में भी
हमारी पहली मुलाक़ात का
एक ख़ूबसूरत सा घर होगा

अब जबकि बहुत दूर निकल आई हैं
हमारी ज़िंदगियाँ
वक़्त के दरिया में बहते बहते
मैंने तो अक्सर देखा है

तुम भी चाहो तो देख लो
साथ इनके मुसलसल
तैरते चले आए हैं
हमारी पहली मुलाक़ात के
वो लम्हें भी

26

वक़्ते रुखसती

तुम्हे शिकायत है मुझसे कि
वक़्ते रुखसती तुम्हारी
मैं मौजूद न था
मुझे ये गिला कि
मेरी ज़िन्दगी में
कभी न उतरने वाले खुमार की तरह
तुम आये ही क्यों थे

मै तो बेसुध हो गया था

तुम्हे देख कर
जाने कब मेरी नज़रों ने दावत दे दी
तुम्हे क्या हो गया था
हौले हौले मेरी नज़रों के रस्ते
इस तरह, इस कदर,बेसाख्ता
मेरे दिल में समाये ही
क्यों थे

मैं परेशां था,ग़मज़दा था
मायूस था,खामोश था
बहरहाल ज़ीस्त कट ही जाती
किसी सूरत
यूँ चले जाना था तनहा छोड़ कर
तो दामन में मेरे इतनी खुशियां
लाए ही क्यों थे

मैं मशगूल था समेटने में
बिखरी हुई यादें
घर के उस कमरे में
जहाँ चंद रोज़ का
मेहमान ठहरा था

मुमकिन न था उसे यूँ
हमेशा को जाते देखना
अब ये मत कहना
नासमझ ने इतने ख्वाब
सजाये ही क्यों थे

अहमक़ ने इतने ख्वाब सजाए ही
क्यों थे

27

किस्मत

बदकिस्मती के पहाड़ से टकरा टकरा कर
आखिरकर हिम्मत का सर फूट गया
एक छन्न सी आवाज़ हुई
एक शीशे का दिल टूट गया
कोई कहानियों की किताब तो न थी
न ही कोई फिल्म चल रही थी
ये तो हक़ीक़त थी
किसी नाकाम बन्दे की ज़िन्दगी की
बदहाल सूरत थी
मैं नहीं कहता
दौलत और शोहरत के अम्बर पे क़ाबिज़
सारे बुरे इंसान हैं
और ये भी नहीं कहता
कि सारे अच्छे इंसान हैं
हाँ ये ज़रूर कहता हूँ उन अमीरों से
बेफज़ूल मूंछों पे ताव न दीजिए
झूठी शेखी मत बघारिए
गर आप हैं बेहद कामयाब
तो यक़ीनन इसके पीछे

बस और बस और बस और बस
आपकी किस्मत हैं
होती होगी कोई चीज़
क़ाबिलियत भी
होती होगी कोई चीज़
मेहनत भी
मगर ये चीज़ें बहुत मामूली हैं
बहुत छोटी
सचमुच अगर कोई बड़ी चीज़ हैं
आजकल की दुनियां में
तो वो हैं
बस और बस और बस और बस
किस्मत

28

कविताओं के बाज़ार

दावा नहीं करता तेरा हाल
जो मैं सोचता हूँ वही है
सामने बैठ कर पूछ लूँ
मगर वो माहौल नहीं है

अपनी बेचैनियां, कशमकशें
बिखेरता हूँ कोरे कागज़ों पे
तेरा जवाब आ जाए आ जाए
इशारों में सही उम्मीद यही है

चुपके पढ़ के मेरी नज़्मों को
चुप बैठ भी चाहो तुम अगर
तो कोई गिला नहीं, हो जाऊंगा
मुतमईन इस यक़ीन से
जिसको भेजा था मैंने
हो ना हो
उसे मेरा पैग़ाम मिल गया

जाने कब धकेल दिया तेरी
उल्फत ने इस नामुराद को
शायरी की दुनियां में वरना
ऐसी मुझको कोई चाहत न थी

मरहबां,बहुत खूब,वाह वाह
और अंगूठा उठाएं इन हज़ारों
तारीफों का क्या करूँ इनकी
मुझे कभी कोई हसरत न थी

तेरे एक हलके से तबस्सुम की
मुहर लग जाती फ़क़त तो यूँ
समझ लेता मेरी नज़्मों को
खूबसूरत अंज़ाम मिल गया

जिधर देखिये उधर इन दिनों
कविताओं के बाज़ार लगते हैं
सच पूछिए तो मुझको ये
बड़े ही मज़ेदार लगते हैं

कुछ सच्चे कुछ कच्चे कवि
बैठते है राज़ दुकानें सजाए
एक दुकानदार कहता है
दूजे से जा मैं भी नहीं आता

तेरी दुकान पे आज क्यों तुम
नहीं आए मेरी दुकान पे आज

ये खूब हुआ बीमार को ख़ासा
हंसने का इंतज़ाम मिल गया

29

रंगीली खुशियां

घर के मंदिर में बैठ कर हर सुबह देखता हूँ
श्याम सांवरे के मुखड़े की सांवली खुशियां

घर की छत पे लेटे लेटे देखता हूँ दूर तक
फैली हुई असीम गगन में नीली खुशियां

घर से बाहर निकलूं तो देखता हूँ
सरसों के खेत की पीली खुशियां

और देखता हूँ बरसाती मौसम में
पेड़ों के हरे पत्तों की गीली खुशियां

जिधर देखता हूँ, दीखती हैं मुझको
श्वेत, श्याम, बैंगनी, नारंगी खुशियां

सोचता हूँ मेरे वास्ते भी रची होगी
ऊपर वाले ने सतरंगे इंद्रधनुष सी
रंगीली खुशियां

इंतज़ार करते करते थक गया हूँ
अब तो मुझे ये शक
सेंट परसेंट हो गया

भेजी तो होगी उसने मेरे वास्ते भी
खुशियां हो न हो रास्ते में कहीं
उन खुशियों का एक्सीडेंट हो गया

30

किसी अपने का जाना

जब अपने साथ हैं
तो फिर क्या बात है
और जो थोड़ी दूर है
या ज्यादा दूर है
पर हम जानते हैं
उनके क्या हालात हैं
तो भी क्या बात है

मगर जो कहीं बहुत दूर चले गए
और हमें मालूम है
वो नहीं आएंगे कभी वापस
कुछ खबर नहीं कहाँ गए
अब कैसे हैं
बिलकुल नहीं जानते
अब क्या उनके हालात हैं

तो ऐसे अपनों को खोने का
कितना दुःख होता है
यूँ तो किसी का भी

मरण दुखदायी होता है
मगर हो वो कोई खास अपना
तो असहनीय दुःख होता है
उसकी मृत्यु बहुत पीड़ा देती है

किसी किसी को अपने खरबों के
धन का घमंड होता है
किसी किसी को बलशाली
तन का घमंड होता है

कोई कहता है
मेरे पास असाधारण तकनीक है
कोई कहता है
सृष्टि में सबसे बड़ा विज्ञान है
ऐसे हर अहंकारी का
मुंह चिढ़ा देती है

किसी में सामर्थ्य नहीं इसे रोक सके
मृत्यु तो आती ही है
सबको एक दिन आनी ही है
बस किसी अपने की हो
किसी खास अपने की
तो वो मृत्यु बहुत पीड़ा देती है

क्यों लगता है यूँ
वो सामने बैठा मुस्कुरा रहा है

तो कभी खुल के
कहकहे लगा रहा है
तो कभी उदास सा दीखता है
पेशानी पे ऊँगली रख के
अपना कोई दर्द मुझे बता रहा है
तो कभी हथेली को हवा में लहराते हुए
हमदोनों के साथ गुज़रे
खूबसूरत लम्हों को एक एक करके
गिना रहा है

मैं देखता हूँ हार पहनी
दीवार पे टंगी उसकी तस्वीर को
फिर भगवान की मूर्ति के समीप
बैठता हूँ हाथ जोड़े
वापस लौटा दो उसको
मेरी भींगी आँखें
बेतहासा ईश्वर के चरणों में
गिड़गिड़ा देती है

पता है
ये संभव नहीं
सृष्टि के कुछ नियम अकाट्य हैं
मृत्यु अवश्यंभावी है

मृत्यु किसी की भी
दुःख देती है
परन्तु हो किसी अपने की
किसी अपने खास की
तो वो मृत्यु बहुत पीड़ा देती है

31

तुम्हारा अक्स टटोलता नहीं

क़रीबी लोग सच कहते हैं
सही गौर फ़रमाया है लोगों ने
ख़ूब अहसास है
मुझको भी इस बात का
अक्सर ठहर जाता हूँ चलते चलते
मूंद लेता हूँ आँखें
दिन-दोपहर ही में और
चंद लम्हों तक खोलता नहीं

काया करूँ, सारा सारा दिन
नज़रें गड़ाएं रखता हूँ
हर राह में हर मोड़ पर
पर वो कहीं नज़र नहीं आता

मगर जब देखता हूँ बंद आँखों से
तो फिर चाहे दिन हो या रात हो
वो बेशक नज़र आता है
ये और बात है

बस नज़र आता है
कुछ बोलता नहीं

कितनों पे भरोसा किया
जाने कितनों ने दग़ा दिया
तुम कहीं भी हो
मेरी खबर ज़रूर रखते होगे

तुम कहीं भी हो
मेरे हमदर्द,
तन्हाई में बहते,मेरे मासूम,
मेरे बेबस अश्कों को देख कर
क्या तुम्हारा खून खौलता नहीं

सच मानो भी मिले ज़रूर
तुम्हारे चले जाने के बाद
कुछ खैरख्वाह भी मिले ज़रूर
मगर ये तो मुमकिन ही न था
सो तुम सा कोई मिला नहीं

यूँ ही खामख्वाह तो मैं
मूंद कर आँखें अक्सर
अँधेरे में कांपते हाथों से
तुम्हारा अक़्स टटोलता नहीं

32

बिन बुलाया मेहमान

सर के बाल मत नोच

दर्द को न चढ़ा यूँ सर पे

ज़बरदस्ती घर में घुस आया

मेहमान है ये

नहीं मानेगा कुछ देर ठहरे बिना

कर लेने दो इसको मनमानी

चुप कर बैठो

ये बद्तमीज़ ख़ुद ब ख़ुद चला जायेगा

और फिर वो भी भूल जायेगा

इस दर्द को जिसने दिया

दुनियां भी भूल जाएगी

तू भी भूल जायेगा

ज़िन्दगी बढ़ जाएगी आगे

तेज़ क़दमों से समाने को

मौत की दिलकश बाँहों में

ये दर्द तो बहुत पीछे कहीं छूट जायेगा

मगर मैं जनता हूँ तू अहमक़

आखिरी पलों में तनहा बैठ कर

याद करेगा

ज़बरन थोपे गए तुझपे
फ़िज़ूल के सत्तर अस्सी साल
याद करेगा
बेकार की खुशियां
बेकार के ग़म
एक लम्हा भी जिनका
ऐसा नहीं कोई
तेरे साथ जो जायेगा
ज़िन्दगी का तमाशा मेरे दोस्त
एक झटके में ख़तम हो जायेगा

33

उजड़ा गुलशन

आज फिर याद आया वो मंज़र
आज फिर बेचैन हो गया मन
बस मैं और तुम थे शहर से दूर
झील का किनारा और वो गुलशन

कभी धीमी कभी तेज पुरवैया
मस्ती में झूमते- झामते पौधे
मानो कोई गुदगुदा रहा उन्हें
खिलखिलाते पेड़ों के हरे पत्ते
हँसते हुए लाल, गुलाबी फूल

उफ़ ये क्या हो गया था अचानक
हवाओं को जैसे आ गया था गुस्सा
चलने लगी जोरों से, कांपते पौधे
मानो मारने लगी वो थप्पड़ उन्हें
जमीन पे टूट टूट कर गिरते पत्ते
रंग बिरंगे फूल भी गए नीचे बिखर

याद होगा तुमको कि तुम भी कुछ
इसी तरह मेरी ज़िन्दगी में आये थे
कितना खुशनुमा हो गया था माहौल
तुम जब बहार बन के इसमें छाये थे

हम जो मिले तो फिर मिलते गए
तुम्हारा वो एकटक देखना मुझको
और मेरा मेरे ही घर में गुम हो जाना

फिर यक ब यक़ ज़माने ने चला डाले
बेदर्द दस्तूरों के बड़े बेरहम चाबुक
कर दी ये मुनादी कि इश्क़ गुनाह है
चाहो जितनी गुफ्तगू करो निगाहों से
ज़ुबाँ से इज़हार की मगर इज़ाज़त नहीं

आज भी इतने अर्से बाद
वैसी ही बरसती शाम
वही छोटा सा गुलशन
यूँ तो खाली खाली सा
मगर खाली नहीं

कैसे कह दूँ खाली इसको
कैसे कह दूँ
कैसे कह दूँ इसमें
छुपी हुई आज भी
हमारी मुहब्बत नहीं

34

तो फिर ये क्या है?

मेरा ख़्याल तो ये था
उम्र बढ़ने से बदलती है वो सूरत
जिसे हम खुली आँखों से देखते हैं
बंद आँखों से जो नज़र आती है
उस सूरत पे उम्र का इख़्तियार नहीं होता

अब आँखें मूंद भी लूँ
तेरी वो शक्ल नहीं दीखती
कितना बदल गए तुम
महसूस तो करता हूँ
एतबार नहीं होता

कुछ समझ में नहीं आता
अगर ये सच है
तो वो क्या था
और गर वो सच था
तो ये क्या था

तुम ही तो कहते थे
कभी जब हम साथ न होंगे
तब भी हमेशा पास रहेंगे
जब तक हमारी ज़िन्दगी रहेगी
जब तक हमारे होशो हवाश रहेंगे

अब झेंपते हुए
चंद लम्हों को मिलना
न कोई गिला शिक़वा
और रुखसत लेना
मानो था कभी मेरे इंतज़ार नहीं

कुछ समझ में नहीं आता
अगर ये सच है
तो वो क्या था
और गर वो सच था
तो फिर ये क्या है

वो तेरी झील सी आँखों से उमड़ते
मुहब्बत के हज़ारों वादें
और उन वायदों पे मुहरें लगतीं
तेरे सुर्ख लबों की जुम्बिश

वो तेरा खनकती हुई आवाज़ से
मुझे बुलाना

और अब यूँ मुरझाया सा तेरा चेहरा
हकलाती हुई आवाज़ से
मेरा नाम लेना

कुछ समझ में नहीं आता
गर ये सच है
तो वो क्या था

और अगर वो सच था
तो फिर ये क्या है

35

जो मुहब्बत करते हैं

जो मुहब्बत करते हैं
वो मुहब्बत करते हैं
जिससे एक बार करते हैं
उससे फिर हरदम करते हैं

कुछ बेगैरत ऐसे होते हैं
जो मुहब्बत की बड़ी बड़ी
महज़ बातें करते हैं
थोड़ा फ़ासला हो जाए
थोड़ा वक़्त गुज़र जाए
तो खबर भेजते हैं
चलो अब ये किस्सा
ख़तम करते हैं

हमदर्दी होती है
उन बदनसीब आशिक़ों से
जिनके दगाबाज़ महबूब ने
कब का भुला दिया उनको
और वो मासूम अभी तक

बैठ कर तन्हाई में
उसकी याद में
आँखें नम करते हैं

बेरुखी उन चालबाजों की
अब देखिए
न जुबान पे इनका नाम लाते हैं
न इनको याद करते हैं

कभी कहते थे
है किसी में इतना दम
हमारे होते तुझे दर्द दे सके
और अब खुद
इन पे
इतना सितम करते हैं

36

मेरा चाँद आसमान में

आसमान में मेरा चाँद
मैं ज़मीन पर
जाने कितनी दूर तक
हम साथ साथ चलते गए

जाने कितने दिन बीते
जाने कितनी रातें बीतीं
और ना जाने
कितने मौसम बदलते गए

कब जाने रात होगी
और तुमसे मुलाक़ात होगी
इसी हसरत में
कड़वी दवा की मानिंद
हर दिन निगलते गए

लाखों मीलों की दूरी
रास्ता भी नहीं मालूम
तुम्हारी चांदनी बहलाती गई
हम बहलते गए

कोशिशें यूँ भी की
तेरी चांदनी की राह से
पहुँच जाएं तुम तक
अश्क़ों से भींगी इस राह में
हर मरतबा फिसलते गए

मुमकिन है मरने के बाद
सितारा बन के तेरे पास होंगें
इसी ख़ामख़याली में
दिल के अरमान
ढलते गए

37

भगवान तू अच्छा होगा,मगर

भगवान तू अच्छा होगा

बहुत अच्छा

मगर तूने दुनियां ख़राब बनाई है

बहुत ख़राब

एक तरफ़

घर के बाहर तो

दौलत के नशे में इतराते

बेवज़ह नौटंकी के भांडों की तरह

शोर मचाते,नाचते,चिल्लाते

मक्क्कार,मतलबी, बेईमान अमीर

और घर के भीतर

हरदम बवाल, कलह

लड़ते- झगड़ते मां-बाप

बेटे -बेटियां,भाई- बहन

बार बार सुसाइड की धमकियाँ

दूसरी तरफ़
मुट्ठी भर नेक बन्दे
परिवार के भरण पोषण हेतु
दिन रात ईमानदारी से
मेहनत करते लोग
घर सम्हालती, देवियों सी गृहणियां
तंगी में भी लगन से
पढ़ते,अनुशासित बच्चे

मगर

पेट भर खाना तक नहीं
उनकी थालियों में
बस
बड़े सम्हाल कर रखे
खरचने को, बरतने को
थोड़े से सिक्के
थोड़े से नोट

उफ़ ये दुनियां

डर के जूतों के नीचे
दबी छुपती मुहब्बतें
फड़कते नथुनों से साफ झलकती
मज़हबी, सियासती नफ़रतें

भगवान तू अच्छा होगा
बहुत अच्छा
मगर तूने दुनियां बुरी बनाई है
बहुत बुरी

भगवान तू अच्छा होगा
बहुत अच्छा
मगर तूने दुनियां बुरी बनाई है
बहुत बुरी

38

खारे पानी के समंदर

बचपन में हम सब ने पढ़ा था
लाखों बरस पहले कभी
सूरज का एक गोल टुकड़ा
गिर पड़ा अंतरिक्ष से नीचे कहीं
धधकता हुआ लाल गोला
खौलता हुआ बेहद गर्म
सदियाँ दर सदियाँ दर सदियाँ बीतीं
फिर सर्द हुआ वो गर्म गोला
मासूम,अकेला,वीरान,बेचारा
उसकी बेचारगी देख कर
आसमान रो पड़ा
इतने बरसाए आंसू
कि बनने लगे धरती पर
खारे पानी के समंदर

और फिर न जाने कौन था?
कहाँ था?
क्या था?
जिसने सजाना शुरू किया

वीरान धरती को
पहाड़,नदियां,जंगल,
पक्षी,जानवर, कीड़े
अचानक उसके नटखट दिमाग को
क्या सूझा
रच डाला मनुष्य
और अपने मनोरंजन के लिए
मनुष्य को पैदा करने और
मार डालने के बीच
रच डाले कई अजीबोगरीब खेल
कुछ खुशनुमा,कुछ दर्द भरे

उस सर्वशक्तिमान के मन में
फिर क्या आया
गढ़ डाली नफ़रतें
दुश्मनियां,भयानक युद्ध
क़त्ल ही क़त्ल
खून ही खून
आसमान बिलख बिलख कर रोने लगा
फिर बनने लगे
खारे पानी के समंदर

इससे भी जी नहीं भरा
उस निर्दयी सृष्टिकर्ता का
तो रच डाली
बीमारियां,महामारियां

हर सदी में एक महामारी
लाइलाज़,जानलेवा
और फिर मौतें ही मौतें
आसमान फिर रो पड़ा
फिर बने उसके आंसुओं से
खारे पानी के समंदर

हाँ यदा कदा सृष्टिकर्ता को दया भी आयी
भेजने लगा अपने चंद दूत
कभी राम,कभी रहीम,कभी यीशु,
कभी बुद्ध, कभी नानक
और तब आसमां के आंसू थम जाते
बच जाती थोड़ी सी जमीन
तोड़ी रेतीली,थोड़ी पथरीली जमीन
और ज्यादा
खारे पानी के समंदर

इस सदी में फिर आयी
एक और महामारी
जानलेवा
बेहद डरी हुई है दुनिया

ये भी सुनते हैं
बेचारी दुनिया खड़ी है कगार पे
एक और विश्व युद्ध के
न सिर्फ परमाणु

अपितु रासायनिक,कीटाणुओं वाले
सृष्टि विनाशक महायुद्ध के

और अब तो विधाता ने
रोक दिया है अवतारों को
भेजने का सिलसिला भी

हे प्रभु
क्या अबकी बार
इतना रोयेगा आसमान
कि डूब जाएगी
पूरी की पूरी धरती
रह जायेंगे बस

खारे पानी के समंदर
खारे पानी के समंदर

39

जीवन दिन और रात के दो पहियों पर

जीवन दिन और रात के दो पहियों पर
धकेली गई झूठी हंसी, सच्ची त्रासदी के
एक छोटे से सफर के सिवाय क्या है
कुछ भी तो नहीं

दिन जो सारा दिन झूठी मुस्कान का
बोझ अपने कन्धों पे लादे चला जाता
और रात जो कुछ लम्हों को सोती है
मगर ज़्यादातर बैठे बैठे बस रोती है

मौत एक अथाह समंदर का नाम है
एक समंदर जो नीला नहीं काला है

एक समंदर जिसके तट पे मुसाफिर
सैर करने नहीं जाते,जब मज़बूरी से
जाते हैं तो फिर लौट कर नहीं आते
तेज़ लहरों के भयानक अज़गर मुंह

फाड़े आते हैं जो मिलता है किनारे
लील जाते, हमेशा को खींच ले जाते

लोग कहते हैं, कोई छुपा बैठा कहीं
खेलता है जीवन मृत्यु का खेल,काश
वो इस फ़िज़ूल तमाशे से बाज़ आए
अब ऐसी एक क़यामत लाये जिसमें
ये बदशक्ल दुनियां पूरी ख़त्म हो जाए

◆◆◆

40

सुनसान सड़कों पर

कभी तुम भी नज़र आओ
सुनसान सड़कों पर

कभी चिलचिलाती धूप में
कभी कंपकपाती ठण्ड में
कभी घनघोर बारिश में

बंद दरवाज़ों,खिड़कियों में
दुबके हुए लोग
दूर दूर तक कोई नहीं
बस मैं अकेला
गुमसुम,उदास
धीमे धीमे क़दम बढ़ाता
बेजान सड़कों पर

बस तुम्हारी जुस्तजू में
हाँ तुम्हारी जुस्तजू में
शायद किसी रोज़
किसी सूनी सड़क के

आखिरी मोड़ पर
नज़र आ जाओ
तुम
मैं मुसलसल ढूंढ़ता रहता हूँ
तुम्हे वीरान सड़कों पर

इस उम्मीद के साथ
इस अहसास के साथ
कि तुम भी कहीं
मेरी तलाश में होंगे
हुजूम से दूर
तनहा,अकेले

मगर क्या मुमकिन है
किसी का कभी अकेले हो सकना
अपने माज़ी से हाथ छुड़ा कर
अपनी मौजूदा परेशानियों से परे
अपने भविष्य से मुंह छुपा कर

इनको छोड़ भी दो तो
क्या रह सकता है कोई
अपने महबूब की यादों से अलग
रह भी ले कोई
मेरे लिए तो ये असंभव है

वही असंभव
जो नेपोलियन के शब्दकोष में गुम था

अगर तुम भी अनभिज्ञ हो
इस शब्द से
नेपोलियन की तरह
तो आ जाओ किसी तरह
मेरे क़रीब
यक़ीन मानो
मुझसे मिल कर ख़ुद को
महसूस करोगे और भी तनहा

डर तो ये भी है
कहीं ख़ुद को ही न खो बैठो
अनजान सड़कों पर
सुनसान सड़कों पर

41

कहीं और चलते हैं

बहुत रह लिए इस अज़नबी गांव में
बहुत बैठ लिए उसके संग
पीपल की घनी छाँव में
बिन कुछ बताये
जाने कहाँ चला गया वो
उसकी कोई खबर नहीं
चलो अब हम भी
कहीं और चलते हैं

यूँ ही भटकते भटकते
जाने कैसे पहुँच गए थे यहाँ
जाने कैसे उससे मुलाक़ात हो गई
मुलाक़ात क्या हुई
मुलाक़ातें होती गईं
पहले थोड़ी थोड़ी
फिर खूब बातें होती गईं
मुट्ठी से रेत की तरह

फिसल गईं वो सुहानी घड़ियाँ
अब मायूस हाथ मलते हैं

क्यों मिलते हैं लोग
क्यों बिछुड़ते हैं लोग
क्यों सताती हैं यादें
क्यों दिल जलते हैं

बुजुर्गों की दी हुईं नसीहतें
मोटी मोटी किताबों में पढ़ी
ढेर सारी समझदारी की बातें
धरी की धरी रह जातीं हैं
बेवकूफ बन जाते हैं
हम ठगे ठगे से देखते रह जाते हैं
लोग इस तरह रंग बदलते हैं

हृदय अति व्यथित हो जाता है

42

आप बीती

सुकून का ठीक मेरे दरवाज़े तक आना
और हर दफा मेरा मुंह चिढ़ा के लौट जाना
किस्मत तेरे धोखे गिनाने लगूँ तो
हज़ारों सफे भर जायेंगे
मेरे ज़ीस्त की किताब फिर भी न पूरी होगी

ये वजह है ऐ मेरी दास्तानें ज़िन्दगी
तुझको लिखूंगा किश्तों में
हर किश्त में बस उतनी ही बात
जितनी बेहद ज़रूरी होगी

दूर फलक में छिप के बैठे
मेरे खामोश हमनशीं
कोशिश तो यही करूँगा
न आये तेरा ज़िक्र मेरी तहरीर में
वो खुद ब खुद आ जाए
तो मेरी गुज़ारिश है तुझसे
कोई शिकवा न करना

यूँ समझ लेना
दीवाने की कोई मज़बूरी होगी

जान पे बन आई ऐसी दुश्वारियों से
जिन दोस्तों को था उबारा मैंने
खुद ज़ख़्मी होकर जिनको
दिया था सहारा मैंने
दस्तूर था जैसे बन गया था जिनका
हर रोज़ मेरी खैरियत पूछने
मेरे घर आना
वक़्त क्या बदला मेरा अच्छा उनका बुरा
नज़रों से गुल रहने लगे वो सारे
अभी से ढूंढ़ने लगे मेरी मय्यत पे भी
ना आने का बहाना
वाह रे खुदगर्ज़ ज़माना

और क्या लिखूंगा हाल अपनों का
रुतबे का सुरूर
दौलत का गुरूर
ये ज़िद कि चाहे गलती उनकी ही हो
उनके ही पैरों पे पड़ना होगा
वरना ता-उम्र वो लड़ेंगे हमसे और
हमें उनसे लड़ना होगा
अब तो यही बेहतर लगता है
छोड़ दें शहर ही अपना

मुमकिन है कुछ कम हो जाये
दिलों की दूरियां
घरों में हमारे जब दूरी होगी

ज़रा सी ज़िन्दगी और उफ़
इतने सारे मसाइल
कितने भी ढूंढ लूँ अल्फ़ाज़
मेरी बात फिर भी अधूरी होगी

इसलिए कहता हूँ तुझसे
ऐ मेरी ज़िन्दगी
तुझको लिखूंगा किश्तों में
हर किश्त में बस उतनी ही बात
जितनी ज़रूरी होगी

43

वो थोड़ी सी मुलाक़ातें

मेरे ख्यालों की अज़ीम दुनियां में
यादों का एक खूबसूरत चमन है
इस चमन में हज़ारों रंग बिरंगे पौधे हैं
जिनमें फूल भी हैं कांटे भी
इस चमन में भी मौसम बदलते हैं
पतझड़ आता हैं
पौधों के फूल पत्ते टूटते हैं
बिखरते है
मरते हैं
बस एक सदाबहार पौधा है
जो कभी टूटता नहीं
बिखरता नहीं
मरता नहीं
बसंत का मौसम था
एक बार
सुहावनी पुरवाई
बही थी
कुछ दिन
उसकी भीनी भीनी बयार ने

अपनी कोमल उँगलियों से
खूब सहलाया इस पौधे को
कुछ दिन
इस के कानों में हौले हौले सुनाये
कुछ दिलचस्प किस्से
कभी न भूले जाने वाले किस्से
उसकी छुअन ने
जाने क्या जादू कर दिया
सारे पौधे
टूटते हैं
बिखरते हैं
मरते हैं
बस ये पौधा
ये सदाबहार पौधा
उतनी ही खुशबु देता है
आज भी
ये टूटता नहीं
बिखरता नहीं
मरता नहीं
बेशक उम्र आगे बढ़ गई है हमारी
इसकी उम्र बढ़ती नहीं
मेरे ख्यालों की दुनियां में बसे
यादों के खूबसूरत गुलशन का
ये सदाबहार पौधा

रंग बिरंगे फूलों से भरा
खट्टी मीठी यादों के फूलों से भरा
ये कभी टूटता नहीं
बिखरता नहीं
मरता नहीं

44

चाँदनी रात

शेखावाटी की सदियों पुरानी
खूबसूरत नक़्क़ाशीयों से सजी
चहारदीवारी से घिरी
विशाल दोमंजिली महलनुमा हवेली
हमारे पुरखों की जायदाद
और हमारा यहाँ आना
बरसों बाद

बेहद गर्मियों के दिन
मगर रातें राजपुताना की बड़ी शीतल
नींद नहीं आ रही
हवेली की खुली छत पे लेटा
कब से कोशिश करता सोने की
करवटें बदल बदल

दोनों हथेलियां बांधे सर के पीछे
देखता रह रह के आसमान को
यक़ ब यक़ नज़र आई
फलक पे उभरी

दो खूबसूरत काली आँखें
खूबसूरत मगर सवाली आँखे

हुआ करते थे कितने ज़िंदादिल तुम
सबसे अलग सबसे जुदा
कितने जोश से भरे हुए
मुसीबत खुद पे आये
या किसी भी मज़बूर पे
हँसते हँसते लड़ते और जीतते
कभी देखा नहीं तुम्हे डरे हुए

मैं ही नहीं
थी कौन सी हस्ती
जो तुम्हे थी जानती
और तुम्हारी ख़ुशमिज़ाजी की
मुरीद न थी

और अब
इतने गुमसुम
इतने उदास
इतने बेरंग
इस क़दर बदल जाओगे
ऐसी तो उम्मीद न थी

मैं फिर हौले हौले बुदबुदाया
अपनी बहुत पुरानी दोस्त

उन हैरान आंखों को बताया
थक गया
हार गया
इस मक्क़ार, झूठी, मतलबी
दुनिया से लड़ते लड़ते

मेरी ख़ुशमिज़ाजी की
नाज़ुक गरदन पे
हैवान ज़माने ने
अपने ज़हरीले नुकीले दांत
गड़ा दिए

वो बेचारी मर गई
मेरे साथ थी जीने की मज़बूरी
उसकी लाश लादी
कंधे पर
और अपने खामोश क़दम
आगे बढ़ा दिए

45

दौरे फुर्सत में

जब कभी तुझे देखने को
जी करता है
तो कुछ घड़ी मैं
आँखें बंद कर लेता हूँ
और कभी हसरत होती है
तुझसे गुफ्तगू करने की
तो तेरी तस्वीर सामने रख कर
खामोश लबों से
बातें चंद कर लेता हूँ

और दौरे फुर्सत में जब कभी
ज़िन्दगी बैठी मेरे साथ सोफे पे
सामने रखी टेबल पर
ख्यालों की खूबसूरत तश्तरी में
करीने से सजा कर
रख देती है
कुछ ज़ायकेदार
मेरे साथ गुज़रे हुए किस्से

नज़रें उठा कर
थोड़ा मुस्कुरा कर
पूछती है मुझसे
किनका लुत्फ़ उठाओगे
इस दौरे फुर्सत में
लो पसंद कर लो

तो मैं बिलकुल देर नहीं करता
जिन किस्सों में
तुम और मै साथ हों
तुम्हारी यादों की खुशबु से भरे
उन किस्सों को
मैं झट से पसंद कर लेता हूँ

46

दोबारा नहीं देखा

ऊँचे ऊँचे विशाल
सदाहरित देवदार
खुद में इतिहास समेटे
शतायु सुन्दर चिनार
मुस्कुराते रंग-बिरंगे कश्मीरी फूल
गुनगुनाते,अठखेलियां भरते
बहते निर्मल झरने
क्या देखा जीवन में
गर डल पे तैरता
शाही शिकारा नहीं देखा

गोंडोला की हवाई सवारी कर
ऊँची बर्फीली पहाड़ी पर
हँसते खेलते गाते
हाथों में हाथ थामे
साथ साथ कदम बढ़ाते
मैं और तुम
और फिर अचानक
बेहद तेज़ तूफान

छूटे हाथ
फिसले पांव
इक तरफ बेसुध मैं
दूसरी ओर
गहरी खाई में कहीं
खो गए तुम
वो दिन
और आज का दिन
बड़ी खुन्नस सी हो गई
मैंने फिर कभी
गुलमर्ग की उन ज़न्नत सी
खूबसूरत वादियों का
नज़ारा नहीं देखा

सारी ज़िन्दगी का हमसफ़र मिला
अब क्या बताऊँ
इस बात की ख़ुशी
कितनी थी
ये कहाँ खबर थी
कि कम्बख्त की ज़िन्दगी
बस इतनी थी
ये वादा
साथ रहेंगे
जब तक आखिरी साँस है
ये कहाँ पता था
कि आखिरी साँस

इतनी पास है
हलकी सी झलक दिखा के
ख़ुशी को यूँ करते
किनारा नहीं देखा

वो जो कहते हैं
कोई देख ले
आसमान से टूटता सितारा
तो हो जाती है पूरी
उसके मन की मुराद
मैंने कभी
आसमान से टूटता
कोई सितारा नहीं देखा
शायद ये वजह है कि
मैंने तुझको दोबारा नहीं देखा